정신과 의사
김지용의
마음 처방전

일러두기

* 책의 내용은 저자의 유튜브 인터뷰 및 강연, 저자가 운영 중인 유튜브 채널 <정신과의사 뇌부자들>과 저자의 도서인 《빈틈의 위로》(아몬드, 2024), 《어쩌다 정신과 의사》(심심, 2020) 등에서 발췌했습니다.
* 도서 제목은 《 》(겹화살괄호), 유튜브 채널 명은 < >(화살괄호)를 사용했습니다. 도서에서 발췌한 내용은 원문 그대로 실었으며, 유튜브에서 발췌한 내용은 의미를 담되, 필사 형식에 맞게 다듬었습니다.
* 우측 노트 공간에는 본문 내용을 그대로 옮겨 적어도 좋고, 본문을 읽고 느낀 자신의 감정이나 일기를 써도 좋습니다.

지친
마음을 위한
감정 치유
필사책

정신과 의사
김지용의

마음 처방전
be kind to yourself

들어가며

며칠 전 한 구립도서관에서 강의를 했다. 그간 내가 쓴 세 권의 책들을 강연장에 정성스럽게 전시해주신 모습에 기분이 좋았다. 도서관에서의 강연이니 참가자 분들도 책에 관심이 많은 분들이겠다 싶어, 앞으로의 출간 계획에 대한 이야기도 꺼냈다. 그런데 현재 집필 중인 두 권의 주제에 대해 말하면서도, 막상 마무리 교정 단계에 있는 이 책에 대해서는 말하지 못했다. 대체 어떤 이유였을까.

인쇄를 앞둔 상황에서도 내 안에 머뭇거리는 마음이 있었다. '네가 뭐 대단한 사람이라고 네 말과 글을 모은 필사책을 만드냐'는 스스로를 비난하고 움츠러들게 만드는 목소리가 계속해서 들려왔다. 그런데 그날 강의가 끝난 후 몇몇 분이 내게 다가왔다. 출간한 지 5년이 지난 책을 들고 사인 요청하시는 분도, 그보다 더 먼 팟캐스트 시작 때부터 쭉 들어오며 많은 도움을 받았다고 감사함을 표하는 분도 있었다. 나야말로 진정 감사한 마음을 표하고 집에 돌아오는 길에 이런 생각이 들었다.

내가 나를 하찮게 본다면, 그동안 내 말과 글에 큰 도움을 받았다는 분들의 마음은 어떻게 되는 건가. 이건 내가 진료실에서 자주 듣는 내담자들의 심리가 아닌가? 분명 어떤 행위로 인한 성취가 있음에도 자신이 부족하단 생각에 빠져 괴로워하는, 가면증후군에 빠진 이들의 마음이 내게도 있었던 것이다.

사람들의 인정과 칭찬은 있는 그대로 받아들이고, 그래도 스스로 느끼는 부족함을 채우기 위해 지금 할 수 있는 것을 하자는 조언을 나 자신에게 건넸다. 집으로 돌아와 《정신과 의사 김지용의 마음 처방전》에 들어갈 글을 추가로 적었다. 진료실에서 나누었던 대화의 정수를 담고자 노력했다. 애초에 필사책을 만들어보자는 편집자 님의 제안에 화답한 이유를 다시금 떠올려 본다.

오늘날 우리나라 사람들은 너무도 바쁘게 사느라 막상 가장 중요한 것을 놓치고 산다. 시간을 들여 자신의 마음속을 들여다보는 일. 독서와 필사의 시간이, 인생에서 가장 중요한 당신의 마음을 깊이 들여다보게 할 것이다. 정신과 의사로서 했던 한 마디, 인간으로 썼던 한 구절이 당신의 마음속 수면에 파문을 일으키고 긍정적 삶의 변화로까지 이어지길 꿈꾸며.

당신처럼 수많은
실수를 반복하며 또 성장하는
정신과 의사 김지용

추천사

마음과 머리가 오므라드는 것 같은 순간, '혹시'를 바라는
사람에게 '역시'가 아니라 '그래서 내 마음이 그랬구나.'를
알려주는 정언(正言)이 있습니다. 이 글자들이 때로는
위로를 넘어 삶의 나침반이 되고, 나의 불행감과 탈진감,
그리고 고통스런 소외마저 자기통찰로 해석해주지요.
지치다 못해 지겨워지는 순간, 인생에서 미끄러져 버린
듯한 순간에 이 책이 당신을 반겨줄 겁니다. 허벅지를
꼬집어도 참을 수 없는 순간, 뒤돌아도 눈물이 나는 순간,
당신이 쓴 글씨의 잉크가, 그리고 인생이 더욱 선명해질
겁니다. 정신과 의사이자 작가인 김지용 선생의 짧은
조언, 긴 위로가 여러분의 감정탑을 분해해 새로운
기쁨을 빚어 낼 테니까요. 그의 글로 시작되지만 우리의
글로 마무리되는 고백과 창조의 시간을 경험해 보세요.
우리 속에 슬픔과 두려움으로 포장되었던 본연의 기쁨을
발견할지도 모릅니다. 그의 글이 내 삶에 녹아들어 어여쁜
나를 발견하는 순간, 아! 곧 탄성을 느낄 것입니다.

상담가이자
숭실사이버대 교수
이호선

차례

들어가며 — 4

추천사 — 6

Segment 1 감정 — 10

Segment 2 관계 — 56

Segment 3 사회생활 — 90

Segment 4 일상생활 — 102

Segment 5 뇌 — 138

우울증 테스트 — 162

불안증상 테스트 — 164

SCT 문장 완성 검사 — 166

흘러가는 시간보다

변해가는 마음보다

오래도록 고맙도록

기억해
.
.
.

_브라운아이드소울, <오래도록 고맙도록>

Segment 1

감정

001

공부나 일 같은, 해야 할 것들을 성실히 해오며
살아왔지만, 하고 싶은 것은 무엇인지 물을 때 답하지
못한다. 그동안 꾹 참아왔을 것이 분명한 눈물을 조용히
흘리기도 한다. 일하기 위해 태어난 삶은 아니란 것을
알지만, 무엇을 해야 할지, 어디서부터 어떻게 시작해야
할지 모르겠다고 토로한다. (중략) 우리 정신세계의
주인이 페르소나나 자아가 아닌, '자기'라는 것을 절절히
깨달았다. 앞서 말했듯 무의식 속 '자기'는 무엇이
문제인지, 어떻게 해야 하는지 이미 다 알고 있다.

《빈틈의 위로》, 김지용 외 저, 아몬드, 39~40쪽

- **마음 처방전**
  진료실에서는 무기력해진 이들을 자주 만납니다. 혹자들은 게으르다고 비난하지만, 절대 그렇지 않아요. 무기력의 원인은 '타인이 원하는 삶'만을 살아왔기 때문입니다. 페르소나의 목소리에 짓눌린 채 말이지요. 내 마음 깊은 곳에 있는 '자기'의 목소리를 들어야 비로소 삶이 변합니다.

002

고고학자로의 삶을 그리던 미래가 사라진 이후, 나는
머릿속에 진지한 미래를 그리는 것을 포기해버렸다.
나름 열심히 그리던 그림이 뜯겨 나간 이후, 내 미래라는
하얀 여백의 스케치북에 다시 무언가를 그리고 싶지
않았다. 그저 주변의 바람에 붓이 흔들리며 그려지는 대로
내버려두었다. 또다시 상처받는 것을 막기 위한 적극적인
회피였을 것이다.

《어쩌다 정신과 의사》, 김지용 저, 심심, 26쪽

- **마음 처방전**
  인간의 무의식은 항상 주인을 위해 열심히 일합니다. 상처받지 않기 위해 사용하는 다양한 방어기제들 중 가장 흔하게 사용되는 것은 '회피'예요. 누군가의 삶이 앞으로 나아가지 못하고 있을 땐 마음을 들여다 볼 필요가 있습니다. 그의 마음이 무엇에서 상처받았는지, 무엇을 두려워하고 있는지 말이에요.

Date

003

(수용)

"행복은 바라지도 않아요. 그냥 힘들지 않을 수만 있다면 좋겠어요." 진료실에서 자주 듣는 말입니다. 인생이 마음대로 흘러가지 않는다는 사실을 날마다 느낍니다. 원하는 대로 다 이룰 수 없는 게 우리 삶이라는 것을 받아들이는 것. 어른으로서의 자세이기도 하겠지요. 물론 이걸 수용하는 게 정말 힘들기도 합니다.

<뇌부자들>, 지금 삶이 무너졌다 느낀다면

- **마음 처방전**
  수용의 과정에는 필연적으로 억울함, 분노, 슬픔 등이 따라옵니다. 이 생각과 감정까지도 스스로 수용해야 비로소 다음 단계로 나아갑니다. 이 세상은 원래 힘들지만, 그럼에도 지금 내게 있는 것과 내가 할 수 있는 것에 집중하는 마음으로요.

Date . .

004　　　　　　　　　　　　　　（ 회복탄력성)

클립을 살짝 휘면 다시 제자리로 돌아옵니다. 이게 바로 회복탄력성이에요. 인간에게는 약간의 스트레스를 회복할 수 있는 힘이 있습니다. 그런데 어느 순간 돌아오지 않아요. 이때를 질병 상태라고 합니다. 실제로 약간의 작은 스트레스들, 특히 스몰 트라우마가 자주 발생해 누적이 되면 큰 병이 될 수 있어요. 절대 당신이 나약한 게 아니에요. 내가 받았던 자잘한 상처들을 돌이켜 보세요.

<뇌부자들>, 무시하다 어느 순간 무너집니다. 스몰 트라우마!

마음 처방전

'나는 더한 상황도 이겨냈는데 너는 왜 우울증 핑계를 대?'라는 말에 상처받은 환자 분을 자주 봅니다. 스트레스받을 때 그 사람의 상태, 주변의 지지 정도, 각자의 회복탄력성은 모두 다릅니다. 이미 그로기 상태에 빠진 상태에선 작은 펀치 한 대에도 쓰러질 수 있습니다. 그럴 때 필요한 건 비난과 자책이 아닌 위로와 공감이에요.

Date . .

005 (마흔)

수많은 심리학 서적에서 마흔을 많이 이야기해요.
20, 30대까지는 사회나 가정이 요구하는 역할에 맞추어 살다가
마흔 즈음 되면 '이게 아닌데'라는 생각이 들어요. 마음에
지진이 일고, 삶에 지진이 일어나요. 그 결과 새롭게 내가
만드는 삶을 시작하는 게 마흔 살이에요. 내가 진짜 바라는
것을 찾아보세요. 내가 진정 살아 있다는 느낌을 받는 순간이
언제인지 떠올려 보세요.

<책과 삶>, 누워서 폰만 보는 사람들에게 정신과 의사가 알려주는 무기력증 벗어나는 확실한 방법

마음 처방전
마흔은 모두에게 중요한 시기입니다. 그 어느 나라보다 정해진 길만 따라 열심히 살아온
우리들에게 주어지는 갈림길이죠. 이전처럼 해야 할 일만 반복하는 삶 속에 머무를 것인지,
불안을 견디며 가보지 않은 길을 선택할 것인지. 답은 이미 여러분 안에 있습니다.

Date

006

(예민함 ①)

예민한 사람은 감각을 더 크게 느낍니다. 그래서 부정적인
느낌에 더 쉽게 압도당할 수 있어요. 무던한 이는
'힘들었지만 결국 걱정했던 일은 일어나지 않았어.'라고
받아들일 때, 예민한 이는 '너무나 힘들고 끔찍했어.
다음에도 감당할 수 없을 거야.'라고 해석하지요.
결국 그 상황을 이겨 낸 자신의 강함은 바라보지 못합니다.
그래서 한 발자국 떨어져 바라보는 연습을 해야 해요.

<뇌부자들>, 예민함을 가지고도 편하게 살 수 있는 방법

마음 처방전
예민함은 질병이 아닙니다. 전 인구의 15~20%에 이를 정도로 흔한 성격 특성이죠. 매우 예민한 사람(HSP, Highly Sensitive Person)은 같은 자극에도 감정 반응이 더 크고, 생각이 더 많아집니다. 과민한 감각으로 피곤할 수 있지만, 모든 성격에는 장단점이 있습니다. 무던한 저는 진료실에서 만나는 환자 분의 감정에 잘 흔들리지 않는다는 강점이 있지만, 유명한 미술관이나 음악회에 가도 큰 감흥을 느끼지 못해요. 반면 HSP는 같은 일상에서도 남들이 느끼지 못하는 것을 보고 상상하지 못했던 것을 만들기도 합니다.

Date . .

007

(예민함 ②)

예민함은 선천적 특성이 강해요. '난 왜 이렇게 태어났지?'라고 원망하는 것보다 한계를 인정하고 보완할 도구를 갖추는 것이 중요해요. 생각이 많아지면 자연스레 부정적인 쪽으로 흐르는 것이 뇌의 특징입니다. 그럴 때 운동이나 음악, 독서 등 생각을 잠시 끊어 주는 도구가 갖추어져 있다면 한결 마음 편히 살아갈 수 있어요.

<뇌부자들>, 예민함을 가지고도 편하게 살 수 있는 방법

- **마음 처방전**
  타고난 기질을 바꾸기 쉽지 않지만 잘 다루는 것은 가능해요. 뇌부자들 채널에 달린 댓글 하나를 소개하겠습니다. "HSP라는 것을 알고 난 이후 삶이 많이 변했어요. 불필요하게 에너지를 뺏기고 있는 부분들을 하나둘 찾아냈고, 내 몸을 잘 쉬게 만드는 방법을 찾아낸 덕분에 훨씬 여유 있어졌거든요." 예민함을 인정하고 나를 위한 삶을 잘 가꾸어 보세요. 내게 맞는 환경과 삶의 방식, 그리고 작은 디테일까지. 생각보다 내게 해줄 수 있는 것이 많습니다.

008   (DMN)

걱정을 너무 많이 하다 보면 사실처럼 믿게 될 수 있어요.
사람의 뇌는 생각과 사실을 구분하지 못하는 특성이
있어요. 그래서 생각이 많은 사람은 우울증이나 불안장애에
쉽게 노출됩니다. 생각이 과거로 흘러가면 우울해지고
미래로 가면 불안해져요. 그럴 때는 명상 또는 운동으로
잠시 생각의 흐름을 끊고 현재에 머무르는 게 좋습니다.

<뇌부자들>, 후회와 자책이 많다면 꼭 보세요!

• **마음 처방전**
우리 뇌는 '멍 때리고' 있을 때에도 마냥 쉬지 않습니다. 오히려 많은 일을 해낼 수 있어요. 멍 때릴 때 더 활발해지는 뇌의 영역을 디폴트 모드 네트워크(DMN, Default Mode Network)라고 하는데, 이때 과거를 돌아보며 다른 이의 마음을 헤아리기도 하고, 자신에 대해 성찰하기도 하고, 문득 떠오르는 창조적 깨달음을 얻기도 합니다. 그래서 아무것도 하지 않고 가만히 있는 시간도 우리 삶에 꼭 필요합니다.

Date . .

(불확실성)

어떤 결정을 할 때 고민을 많이 하고 결정하지만, 사실 신중하게 생각한 대로 흘러가지만은 않죠. 인생은 불확실성으로 가득 차 있으니까요. 내 선택은 수많은 변수들 가운데 하나일 뿐이에요. 인생의 불확실성을 통제할 수 없단 사실을 있는 그대로 받아들일 때 비로소 더 자유로워질 수 있어요.

<뇌부자들>, 후회와 자책이 많다면 꼭 보세요!

• **마음 처방전**
선택과 관련된 흥미로운 실험이 있었어요. 중요한 결정을 앞둔 사람들에게 선택지를 주었습니다. 원할 경우 연구진이 동전 던지기를 하여 대신 결정을 내려 주었고, 원하지 않는 이들은 충분히 심사숙고한 뒤 스스로 결정을 내리도록 했습니다. 시간이 지나 비교하니 동전 던지기를 맡긴 그룹이 덜 후회했고 더 행복했어요. 저는 그들이 인생의 불확실성을 인정하고 그대로 받아들이기에 이런 결과가 나왔다 생각해요. 부디 너무 길게 고민하지 마세요.

Date

010

(감정 일기)

우울하고 불안했던 분들이 좋아진 계기를 살펴보면
'일기 쓰기'란 공통점이 있습니다. 칭찬 일기나 감사
일기도 좋죠. 하지만 마음이 너무 힘들거나 무기력할 때는
감사는커녕 아무것도 나오지 않아요. 그럴 땐 무리해서
칭찬이나 감사함을 만들어 내기보다 있는 그대로의 감정을
쓴 일기, 즉 불안 일기나 우울 일기를 써 보세요. 감정을
있는 그대로 환기시키는 것만으로도 편안해지는 것을
경험할 수 있습니다.

<뇌부자들>, 우울하고 불안하면, '이것'으로 관리하세요

마음 처방전
진료실에서 가장 흔하게 만나는 심리적 특성은 '감정의 억압'입니다. 어릴 때부터 있는 그대로 느끼고 표현할 수 없었던 환경 속에서 굳어진 습관이 슬픔과 분노 같은 감정을 다 눌러 담게 만듭니다. 모든 감정은 옳고 정당해요. 물론 행동은 그렇지 않죠. 내 뜻대로 할 수 없고 조심해야 할 때가 많지만, 그렇다고 해서 감정까지 부정해 버리면 안 됩니다. 일기에 그 감정들을 풀어내며 힘든 하루를 살아내고 있는 나를 위로해주면 좋겠어요. 타인의 위로와 인정도 중요하지만, 그보다 나 자신이 먼저 해주어야 해요.

Date

011

(질환)

우리 사회는 우울증을 의지의 문제로 돌립니다. 심지어 '가난은 정신병이다'라는 말을 들을 땐 화가 치밉니다. 우울증으로 진료받으러 오는 사람들은 대체로 게으르지 않아요. 오히려 의지가 너무 과해 몸과 마음이 무너진 상태죠. 불안과 강박에 쫓기는 바람에 쉬어야 할 때 쉬지 못해서 말이에요.

<책과 삶>, 누워서 폰만 보는 사람들에게 정신과 의사가 알려주는 무기력증에서 벗어나는 확실한 방법

- **마음 처방전**
뇌과학은 우울증에 대해 수많은 진실을 밝혀냈습니다. 우울증은 의지의 문제가 아닌 뇌의 질환이라는 건 너무 자명합니다. 그런 지식이 알려진 지 한참인 오늘날에도 '우울증은 의지 부족, 게으름의 문제' 같은 말을 한다면 정말 무지하고 무례한 거죠. 그런 말을 듣게 된다면 이렇게 반문하세요. "요즘 같은 시대에 아직도 그런 생각을 하세요?" 진심으로 놀라는 표정과 함께요.

Date

012

페르소나로 가득 찬, 항상 무언가를 해야만 하고, 그렇지 않으면 죄책감을 느끼는 사람들에게 그 마음이 어디서 비롯되었을지 질문을 던지면 대다수가 부모님 이야기를 꺼낸다. (중략) 자아의 가면인 페르소나는 이렇게 그 기본 틀이 '가정'에서 완성된다. 그리고 우리는 그 익숙한 가면의 역할에 맞춰, 하던 대로 반복하며 살아간다. 문제는 '내가 쓰는 내 가면인데, 외부의 요구에 의해 그려졌다'는 것, '내가 바라는 이상적인 형태가 무엇일지 고민하기도 전부터 틀이 만들어졌다'는 것에 있다.

《빈틈의 위로》, 김지용 외 저, 아몬드, 41~42쪽

마음 처방전
부모님과 가정의 영향으로부터 온전히 자유로운 사람은 아무도 없습니다. 그저 당연한 것이지만, 그 가면에만 **충실한** 삶을 살다 보면 공허함과 무기력이 찾아오게 됩니다. 그렇다고 부모님이나 가정환경을 탓하거나 원망할 필요는 없습니다. 지금이라도 만들어진 페르소나를 벗고 자신만의 페르소나를 만들어 가면 되니까요.

Date

013

공허함을 해결하기 위해 자기 돌봄의 시간이 필요하다는 말을 건네면 '시간이 없다, 마음의 여유가 없다, 지금은 그게 중요한 게 아니다, 남들에게 뒤처질 것이다' 같은 반응이 돌아온다. 모두가 약속한 듯 똑같이 대답한다. 하지만 자기 돌봄은 애써서 확보하고 지켜내야 할 필수적 활동이다.

《빈틈의 위로》, 김지용 외 저, 아몬드, 297쪽

마음 처방전
진료실에서 가끔 이런 말씀을 드리곤 해요. '하루는, 24시간은 생각보다 길다'고요. 그중 많은 시간을 '해야만 할 것 같은 압박감'에 괴로워하며 보내기에 하루가 짧죠. 어차피 집중해서 공부나 일을 할 수 있는 시간엔 한계가 있어요. 자기 돌봄의 시간을 같이 넣어줘도 괜찮습니다.

014

이 세상의 수많은 말들이 우리를 가두려고 한다. 평생에 걸쳐 지속될 그 공격은 누구도 피해갈 수 없다. 왜 나를 세상의 틀에 가두려 하느냐고 아무리 원망하고 소리쳐도 이 세상은 변하지 않는다. (중략) 내 마음 깊숙한 곳의 자기가 원하는 것을 찾아내고 지켜내는 것. 마음속에서 계속 부딪히는 이인조를 잘 달래며, 그 사이의 적당한 긴장을 유지하는 것. 해야 하는 것과 하고 싶은 것을 위한 시간을 각각 마련해주는 것. 그것이 결국 나를 지키며 세상에 지지 않고 살아갈 가장 현명한 방법이 아닐까?

《빈틈의 위로》, 김지용 외 저, 아몬드, 303쪽

마음 처방전
해야 할 일들을 강조하는 '페르소나(Persona)'와 진정 내가 하고 싶은 것을 찾는 '자기(Self)'. 이 내 마음속 이인조는 계속 서로 다른 이야기를 하며 내적갈등을 일으키는 것이 당연합니다. 너무 치우치지 말고 둘 모두 존중해주세요.

Date . .

015

(자기합리화)

사람의 마음을 크게 둘로 나누면 스트레스받는 상황에서 내 탓을 하는 사람과 남 탓을 하는 사람이 있어요. '내 탓'을 하는 사람이 대체로 우울증과 불안장애에 더 취약해요. 시원하게 감정을 배출하고 부딪혀야 하는 순간도 있는데, 착하니까 그게 어렵고 너무 힘들죠. 그런 감정이 쌓이면 결국 병이 됩니다.

<뇌부자들>, 현직 정신과 의사들이 본 '정신병동에도 아침이 와요' 2화 리뷰

마음 처방전
항상 남 탓만 하고 지나치게 자기합리화하는 사람. 실제로 이런 사람을 보면 꼴 보기 싫을 거예요. 그런데 때로는 적당한 자기합리화도 필요합니다. 물론 더 나은 사람이 되기 위해 어느 정도 반성은 필요해요. 하지만 지나침은 좋지 않습니다. 남 탓만 하는 사람이 주변을 괴롭게 만드는 것처럼, 매번 자기 탓만 하는 습관을 가진 사람은 스스로를 병들게 만듭니다.

Date

016

(인정하기)

마음이 너무 힘들 때는 어떤 말도 와 닿지가 않아요.
이럴 때는 나쁜 감정 자체를 부정하지 않는 것이 좋아요.
그런 마음이 드는 걸 나쁘게 여기지 마세요. 이런 마음을
한순간에 변화시키려는 조급함을 잠시 내려놓고, 아주
조금씩, 천천히 건강한 마음을 키우길 바라요.

<뇌부자들>, 왜 살아야 할까? 삶에 의미가 있을까?

마음 처방전
사실 '나쁜' 감정이란 없습니다. 그저 어떤 상황에 따라 당연하게 감정이 찾아올 뿐입니다. 애당초 생각과 감정은 뜻대로 통제되지 않는 법인데, 자꾸 나쁜 생각만 하는 자신이 싫다며 자책한다는 이야기를 자주 들어요. 그저 인정해 주세요. '아 내가 이렇게 힘들구나. 이 감정에 휩쓸리지 않기 위해 지금 할 수 있는 것은 무엇일까?'라고 인지하세요. 그저 걷는 것, 따뜻한 차 한 잔, 친구와의 전화 통화도 다 좋아요.

Date . .

017

(고민)

'자신의 손에 닿아 있는 고민'과 '자신의 손을 떠나 있는 고민'을 나눠서 생각하세요. 우선 자신의 손을 떠나 있는 고민에 대한 생각은 접어야 해요. 반대로 자신의 손에 닿아 있고, 자신이 할 수 있는 일에 집중해야 합니다. 그러다 보면 예측하지 못한 일이 생기기도 하며 새로운 길이 열릴 수도 있어요. 지금 너무 불안에 사로잡히거나 자책하지 말고, 현재에 집중했으면 좋겠어요.

<홍대신문>, 정신과에 대한 편견을 없애기 위해 노력하다

마음 처방전
걱정과 고민은 그 자체로 그저 버겁습니다. 마음이 무겁고 불편해 마주보기 싫어요. 그럴 땐 꼭 종이에 현재의 고민을 적어보세요. 그리고 내 손을 떠난 것들은 일단 뒤로 미루세요. 대신 바로 지금 내가 할 수 있는 것에 집중하는 겁니다.

Date

018

(공감)

지금 우울한 사람에게 '항상 네 편이다'라는 마음을 심어주세요. 물론 상대의 우울이 공감되지 않을 수도 있어요. 저 역시 의사이기 전에 사람이기에 모든 마음을 이해하고 공감할 수 있는 것은 아닙니다. 다만 '지금의 힘듦' 상태에 공감하는 것만으로도 큰 도움이 됩니다.

<김작가TV>, 정신과 찾아오는 사람들 100%, 다들 '이것 때문에' 옵니다

마음 처방전
직접 겪지 않아도 상상하고 공감할 수 있는 것이 인간의 특징이죠. 그래도 당사자만 알고 당사자만 느낄 수 있는 것들이 있어요. 그렇기에 온전한 공감을 건넨다는 것은 애초에 불가능할 겁니다. 하지만 적어도 지금 그 사람의 아픔과 힘듦 그 자체에는 분명 공감할 수 있을 거예요. '네 마음을 다 알 수는 없지만, 네가 많이 힘들어 보여서 안타까워. 내가 도움 될 수 있는 부분이 있을까?'라는 말 하나가 그 사람에게는 큰 동아줄이 됩니다.

Date

019

(표현 바꾸기)

외로움을 느낄 때 표현을 바꿔 보세요. 말에는 힘이 있습니다.
"내가 너무 외롭구나."라고 말하거나 되뇌면 외로움이
증폭됩니다. 대신 "내가 지금 한적하구나."라고 말해보세요.
외로움이 한적함으로 바뀝니다. 오롯이 내 시간을 보낼 수
있는, 자신에게 집중할 수 있는 기회로 바뀌지요.

<김작가TV>, 정신과 찾아오는 사람들 100%, 다들 '이것 때문에' 옵니다

마음 처방전
사람은 사회적 동물이기 때문에 타인과 연결되어 있어야 하지만, 그래도 혼자인 시간이
필요합니다. 과거를 성찰하고 내면을 들여다보며 자기의 목소리를 들어야 해요. 특히나
요즘처럼 스마트폰 등으로 초연결되어 있는 시대에서는 더욱 이런 기회를 놓치기 쉬워요.
한적함은 바쁜 현대인에게 선물입니다.

Date

020

진료실에서 인정욕구에 관한 이야기를 자주 듣는다.
항상 스스로가 부족하다며 자책하고, 모든 상황에서 다른
사람의 눈치를 보느라 지친 사람들. 학생, 직장인, 자영업자,
가리지 않고 흔하게 관찰되는 이 심리의 주인공들은
외모, 학업, 업무 수행능력, 친화력, 재력 등 다양한 영역에서
부족함을 느낀다. 또 끝없이 다른 사람의 '인정'에 목말라
한다. 이들이 느끼는 갈증은 대부분 어린 시절, 있는 그대로
충분히 인정받지 못한 경험에서 싹튼, 뿌리 깊은 결핍이다.

《어쩌다 정신과 의사》, 김지용 저, 심심, 27쪽

마음 처방전

인정욕구 역시 누구에게나 당연하게 생기는 마음입니다. 우리 모두는 더 특별하고 싶은 욕망을 어느 정도씩 가지고 있거든요. 하지만 이 마음이 다소 지나치게 커져 나를 괴롭히고 있는 것은 아닌지 돌아봐야 해요. 나는 한없이 작은 존재임을 받아들이는 것, 그럼에도 의미 있는 나만의 이야기를 써 내려 갈 수 있다는 사실을 깨닫는 것, 그게 바로 진정한 어른일 테니까요.

Date

021

(우울증의 증상)

펜을 잡는 것조차 힘들고 글이 읽히지 않는다는 사연자의 모습은 전형적인 우울증 증상입니다. 그것을 의지 부족으로 바라보는 사회 시각이 문제를 더 키웁니다. 스스로를 무가치하게 느끼는 것 또한 우울증의 증상 중 하나입니다. 남들에 비해 별거 아닌 힘듦에 무너져 버리는, 아플 자격조차 없는 사람으로 자신을 바라보게 되죠. 그렇기에 주변에서 더 확실하게 말해줘야 합니다. 아픈 것은 네 탓이 아니라고요.

<채널예스>, [김지용의 아직도 고민] 자꾸만 상대에게 의존하게 되는 저, 문제인가요?

● **마음 처방전**
평소에 잘되던 일이 안 될 만큼 마음의 병이 깊은 사람이 있습니다. 그런데 우리는 유독 정신과 질병으로 고통받고 있는 사람들에겐 차가운 시선을 많이 보냅니다. 더 마음 아픈 것은 자기 자신에게도 그런 비난의 시각을 갖게 되는 경우가 잦다는 것입니다. 우리 모두 조금만 더 따뜻하고 너그러워지면 어떨까요?

Date . .

022

(내면 아이)

내면 속 아이는 무시한다고 해서 없던 것이 되거나
사라지는 것이 아니에요. 내면 아이의 영향으로부터
자유로워지고 싶다면 인정하고 존중해주어야 해요.
어릴 적 부모로부터 받지 못했던 것을 성인이 된 내가
해주어야 하죠. 깊숙이 쌓여 있는 감정, 상처받은 부정적인
감정들을, 압력솥에서 김 빼듯이 줄여야 합니다. 상담이나
일기 쓰기, 봉사활동 등 나를 위한 활동을 찾아 눅진한
감정들을 흘려 보내세요.

<채널예스>, 김지용 정신과 전문의가 본 『명상 살인2』

마음 처방전
어린 시절의 상처로 인해 성인이 된 현재까지 고통받는 분들을 자주 만납니다. 어릴 적 상처받아 자라지 못한 내면 아이가 아직까지 울고 있는 거죠. 주위에서는 나이가 몇인데 언제까지 어린 시절의 상처에 사로잡혀 있을 거냐며 비난합니다. 맞습니다. 과거로부터 벗어나야죠. 하지만 비난은 문제 해결에 도움이 되지 못해요. 먼저 내면 아이의 목소리를 충분히 들어주고 수용해주는 것이 과거로부터 자유로워지기 위한 첫 과정입니다.

Date . .

Segment 2

관계

023

우리는 상대방에 대해서 얼마만큼 알까? 실제로는 잘 모르기 때문에 인지 왜곡이 발생한다. 따라서 뒤집어 생각하면, 서로 신뢰한다는 전제 아래 펼쳐놓는 솔직한 대화가 인지 왜곡에서 벗어나게 하는 좋은 방법이 된다. 그러므로 남과 비교가 되고 나만 부족해 보일 때, 믿을 만한 누군가에게 용기 내 물어보고 확인해야 한다. 안 그래도 살기 힘든 세상에서 잘 지내기 위해 분명 필요한 것은, 힘든 일을 서로 마음 편하게 이야기할 수 있는 누군가다.

《어쩌다 정신과 의사》, 김지용 저, 심심, 141쪽

마음 처방전
첫 진료 시간에 꼭 던지는 질문 중 하나가 '속마음을 털어놓는 사람이 있는지' 입니다. 이런 누군가가 있는지 여부가 그 사람의 삶과 정신건강에 생각보다 정말 큰 영향을 미치거든요. 혹시나 없더라도 너무 실망하진 마세요. 나이나 상황에 관계없이 언제든 새롭게 생길 수 있어요. 내 마음이 열린다면요.

Date . .

024

(붙잡아야 할 사람)

'어떤 사람을 곁에 두어야 할까요?', '이 사람과 결혼해도 될까요?'라는 질문의 첫 번째 전제 조건은 '서로 맞출 수 있는 사람'입니다. 두 번째는 '이미 건강한 관계를 가진 사람'이에요. 길게 지속되어 온 건강한 대인관계가 둘 이상 있다면 어느 정도 검증된 사람일 확률이 높아요.

<뇌부자들>, 정신과 의사들이 말하는 '붙잡아야 할 사람' 유형 top3

• **마음 처방전**
사람은 불완전한 존재이기 때문에 관계 역시 불완전합니다. 서로의 불완전함을 인정하고 맞추려고 하는 두 사람의 노력이 있어야 건강한 관계를 만들 수 있습니다. 두 번째 이유도 비슷한 맥락입니다. 대인관계 패턴은 보통 반복됩니다. 안정적인 친구 관계가 있는 사람이 연애 역시 안정적으로 할 확률이 높겠죠. 불완전한 대인관계를 꾸준히 맞추며 유지해 온 능력 있는 사람이란 뜻이니까요.

025

(거리 두고 싶은 사람)

성격이 너무 강한 사람은 본능적으로 꺼려지게 됩니다. 예를 들어 연극적인 성격이 강한 사람은 본인이 주목받고 싶어서 뭐든 독차지하려고 해요. 강박적인 사람도 마찬가지예요. 적당하면 괜찮지만 강박성이 너무 강해서 공감능력도 떨어지고 뭐든지 본인 통제 아래 두려고 하면 주변 사람이 힘들어합니다. 중간에 말을 끊는 사람도 마찬가지예요. 말을 끊는 건 상대방을 무시하는 일입니다.

<책과 삶>, 초면에 거부감 드는 사람과 호감 가는 사람의 결정적 차이

마음 처방전
정신과 의사라면 흔히 말을 잘해야 한다고 생각합니다. 그런데 정작 진료실에서는 말을 별로 하지 않습니다. 정신과 진료실에서는 말하는 것보다 듣는 것이 무척 중요하거든요. 호감 가는 사람이 되고 싶다면 말이 하고 싶어지는 그 순간에 한 번만 꾹 참고 더 들어보세요.

Date

026

(호감 가는 사람)

특별히 노력하지 않는데도 호감 가는 사람이 있어요.
다른 사람의 말을 잘 들어 주는 사람입니다. 충분히 잘 들어
주기만 해도 공감받고 있다는 감정을 느끼게 됩니다.

<책과 삶>, 초면에 거부감 드는 사람과 호감 가는 사람의 결정적 차이

마음 처방전
'힘들어하는 친구에게 어떤 조언을 해야 할까요?' 정신과 의사로 일하며 자주 듣는 질문입니다. 자신의 문제에 대해서 가장 많은 고민을 하는 사람은 본인입니다. 잠시 잠깐 고민한 뒤 나오는 우리의 조언은 이미 그 사람이 다 생각해본 내용들이죠. 그저 들어 주세요. 경청의 힘은 생각보다 훨씬 강합니다.

027

(안정애착)

보통 사람은 안정애착을 갖고 있는 이들에게 호감이 생깁니다. 딱히 무엇을 하지 않는데도 여유 있어 보이는 사람에게는 호기심이 생기게 마련이거든요. 내가 그러한 대상이 되려면 스스로 단단한 사람이 되어야 해요.

<책과 삶>, 초면에 거부감 드는 사람과 호감 가는 사람의 결정적 차이

마음 처방전
불나방처럼 자극적인 관계에 뛰어들 때도 있지만, 결국은 편안한 관계에 더 끌리게 됩니다. 사람은 괜한 고민이 필요 없는 안정적 관계에서 편안함을 느끼거든요. 기억도 나지 않지만 생애 초기에 경험해 본 그 감각에 본능적으로 이끌립니다. 나는 타인들이 편안함을 느끼는 사람일지, 내 애착 유형은 무엇일기 한번 생각해보세요.

Date . .

028

(관계의 시간)

생텍쥐페리 소설《어린 왕자》에도 나오죠. 여우가 어린 왕자에게 말합니다. 지구의 수많은 장미와 달리 작은 별에 있던 장미 한 송이가 어린 왕자에게 특별해진 이유를 말이죠. "네 장미가 중요한 존재가 된 건, 네가 장미에게 들인 시간 때문이야." 대인관계가 그렇습니다. 진정 소중한 관계는 오랜 시간 함께하는 경험들이 쌓여 만들어집니다.

<책과 삶>, 초면에 거부감 드는 사람과 호감 가는 사람의 결정적 차이

- **마음 처방전**
  모든 관계에는 시간이 필요합니다. 첫눈에 완벽해 보이는 관계는 결국 실망과 상처로 돌아올 뿐입니다. 인간은 기본적으로 모두 별로예요. 완벽할 수 없으니까요. 어린 왕자의 별에 있던 장미도 성격이 그다지 좋지는 않았죠. 하지만 서로를 길들이는 시간 속에 서로에게 소중한 존재가 되었습니다. 대인관계가 어렵다면 혹시 상대방에 대한 기대치가 너무 높은 것은 아닌지, 성급한 마음을 갖고 있는 건 아닌지 돌아보세요.

029

(안전기지)

사람에게 받은 상처는 사람으로부터 회복될 수 있습니다. 회피만으로는 아무것도 해결되지 않습니다. 다른 사람과의 관계 속에서 '심리적 안전기지'를 만들어야 해요. 결국에는 사람입니다.

<세바시>, 우울하다면 '심리적 안전기지'를 세워라

마음 처방전
진료실에 온 분들 가운데 사람에게 상처를 받은 분들이 '다시는 사람을 믿지 않겠다', '가까워지지 않겠다', '연애하지 않겠다'…. 라고 말합니다. 그분들이 얼마나 큰 상처를 받았는지 들었기에 충분히 공감됩니다. 하지만 저도 조심스럽게 말합니다. 그럼에도 불구하고 결국 사람인 저를 만나러 오지 않느냐고. 시간이 지나면 그분들 모두 다시 동료를 만들고, 친구를 사귀고, 연애를 하고, 행복을 느끼게 됩니다. 결국 그게 사람입니다.

Date . .

(이별 애도)

이별 후에는 충분히 슬퍼할 시간이 필요합니다. 슬픔이란 감정에 잠기게 될 것이 두렵지만, 슬픔은 결국 지나가게 마련입니다. 다만 적당한 기간이어야 하지요. 만약 지나치게 긴 시간 동안 슬픔을 느끼고 있다면, 죄책감은 아닌지 생각해봐야 합니다. 이별의 원인을 자신에게 돌리고 이별의 순간을 계속 곱씹고 있다면, 무력감과 슬픔을 방어하기 위해 죄책감을 사용하는 겁니다. 그때 당신이 다르게 말했더라도, 그때 상대방을 잡았더라도 결과는 다르지 않았을 거란 사실을 받아들여야 해요.

<마인드그라운드>, 건강하게 이별하는 법, 정신과 의사가 알려주는 연애 멘털 관리법

마음 처방전
지나친 죄책감을 느끼는 사람에게는 은연 중에 '자신에게 힘이 있다' 믿고 싶은 마음이 있는 것일지 몰라요. '이렇게 말했더라면 결과가 달라졌을 텐데⋯⋯.'라고 생각하며 무력감을 방어하고 싶은 것이지요. 슬픔은 지나가는 감정이지만 죄책감은 우리를 계속 과거에 머무르게 만듭니다. 현재를 살아가지 못하게 합니다. 힘들어도 슬퍼도 있는 그대로 받아들여야 해요. 우리가 있는 곳은 '지금 여기'니까요.

Date . .

031

(이별 후에)

생각해보면 대단한 거예요. 내가 누군가와 그토록 가까운 사이가 되어 감정과 가치관을 나눈다는 것. 봄, 여름, 가을, 겨울에 거쳐 맞추어 갔던 과정들……. 분명 서로가 서로에게 많은 것을 주었고, 성장했던 시간이었을 겁니다. 아무것도 남지 않은 게 아니에요. 그러니 너무 슬퍼할 필요도 없어요.

<마인드 그라운드>, 건강하게 이별하는 법, 정신과 의사가 알려주는 연애 멘털 관리법

마음 처방전
연애가 끝날 땐 누구나 힘들죠. 그때의 힘든 감정이 너무 강렬하기 때문에 마지막의 감정으로만 관계 전체를 기억하게 되는 경우가 많아요. '참 힘든 관계였지, 끔찍했어.', '대체 왜 그런 만남을 했을까?', '남은 게 없는 후회만 되는 시간이네.' 등 후회를 곱씹게 되겠죠. 그러나 분명 그게 다는 아닙니다. 어떤 방식으로든 당신은 한 차례 더 성장했으니까요.

Date . .

032 (방어기제)

사랑했던 사람과의 관계가 더 이상 건강하지 않다는 것,
그 사람이 나에게 더 이상 좋은 사람이 아니라는 것을
인정하기 어려울 거예요. 그 사람과의 관계가 내 자아의
일부가 되어 버렸기에, 그걸 버리는 게 쉽지 않아요.
머리로는 그래야 한다는 걸 알면서도 말이에요.
날 불편하게 만드는 이성적 사고를 회피하고 여러
방어기제를 통해 나쁜 관계를 합리화하기도 합니다. 하지만
잊지 말아야 해요. 연애란 결국 행복하기 위해 하는 겁니다.
세상에서 가장 사랑해야 할 사람은 나 자신입니다.

<마인드그라운드>, 건강하게 이별하는 법, 정신과 의사가 알려주는 연애 멘털 관리법

마음 처방전
다들 살면서 수없이 경험하듯 사람은 늘 이성적으로 행동하지 않습니다. 마음속에서 갈등
이 일어날 때 우리는 자신도 모르는 사이에 특정 방어기제를 습관처럼 사용합니다. 어떤
방어기제를 사용하느냐가 그 사람의 성격을 결정하고 삶에 큰 영향을 미치죠. 내 인생의
중요한 순간들에 사용해 온 방어기제들은 어떤 것이 있을지 돌이켜 보세요. '알아차림'이
변화의 시작입니다.

033

(연애 패턴)

건강한 연애를 위해서는 내 연애 패턴을 알아야 해요. 지난 연애들을 자세하게 들여다보면 숨겨진 패턴이 나옵니다. 그동안 건강하지 못한 연애를 해왔다면 자신의 연애 패턴을 분석한 다음 나쁜 패턴은 끊고, '다음 연애 때는 이런 사람을 만나야겠다.'까지 생각이 이어져야 하죠. 그러고 나서 건강한 연애를 할 인연이 나타날 때까지 시간을 두고 기다려야 해요.

<마인드그라운드>, 건강하게 이별하는 법, 정신과 의사가 알려주는 연애 멘털 관리법

- **마음 처방전**
  당신의 연애 패턴은 무엇인가요? 난 그런 게 없다고요? 무의식 깊이 숨겨져 있어서 보이지 않을 뿐, 누구에게나 인간관계를 맺을 때 숨겨진 패턴이 있습니다. 계속해서 상처 입는 연애를 반복했다면, 잠시 연애를 멈추고 내 마음을 들여다봐야 해요. 답은 상대방에게 있는 것이 아니라 내 마음속에 있습니다.

034

(과도한 친절)

가끔은 친절을 가장해 상대방에게 과한 도움을 주는 사람이 있습니다. 이런 행동은 불안에서 기인해요. 첫 번째는 본인이 다 해야 완벽해질 수 있다고 생각하는 강박적인 성격 때문이고, 두 번째는 착한 아이 콤플렉스 때문입니다. 버려질 불안감에 하지 않아도 될 일까지 먼저 해주는 것이지요. 하지만 한쪽에서 모든 걸 다 내주어도 이런 관계는 그 누구도 행복하지 않은 결말을 맞이합니다.

<세바시 인생질문>, 당신이 잘해주고도 욕먹는 '진짜' 이유

마음 처방전
상대방을 위해 해 온 것이라고 굳게 믿고 있던 행위가 사실은 그 사람을 위한 것이 아닐 수도 있습니다. 진정 건강한 관계는 서로 간의 적절한 거리를 인정하고 지키는 것에서부터 출발합니다. 스스로 중요한 사람과의 관계에서 상대방의 주체성을 침범하진 않았는지 돌아보세요. 부모와 자녀, 부부, 연인, 직장 동료 등 모든 관계에서요.

Date . .

035

(거리 두기)

건강하지 못한 관계를 바꾸는 가장 좋은 방법은
'거리 두기'입니다. 심리적, 물리적 거리를 두어야 해요.
이때 상대방이 나에게 죄책감을 안기는 방식으로 막으려
할 수 있어요. 그럼에도 용기 내어 선을 그어야 합니다.

<세바시 인생질문>, 당신이 잘해주고도 욕먹는 '진짜' 이유

마음 처방전
관계는 둘이서 만드는 것이기에, 주체적인 변화의 의지를 가져도 뜻대로 잘 되지 않는 경우가 많습니다. 내 마음도 뜻대로 되지 않는데, 상대방 마음이야 오죽하겠어요. 그럴 때 필요한 것은 거리 두기입니다. 아예 연을 끊어야 하는 경우도 있지만, 대부분 조금씩 거리를 늘려가며 변화를 만드는 것이 가능합니다.

036

(여유)

인간관계에서 가장 조심해야 하는 것은 조급함입니다. 결핍이 클수록 '백마 탄 왕자', '내 상처를 한 번에 없애 줄 이상적인 대상'을 기대하게 돼요. 내가 가진 결핍에서 자라난 환상을 상대방에게 덧씌우는 것이죠. 그렇게 혼자 기대하고 혼자 실망하게 됩니다. '네가 없어도 난 잘 살 수 있는 사람이야.'라는 여유 있는 태도 속에 건강한 관계가 자라나게 됩니다.

<김작가TV>, 정신과 찾아오는 사람들 100%, 다들 '이것 때문에' 옵니다

● **마음 처방전**
발표도, 운동도, 대인관계도 힘을 뺀 사람이 더 잘 합니다. 대인관계에서 반복해서 실패한다고 느낀다면, 나 자신을 돌아봐야 합니다. 너무 간절한 마음에 조바심을 냈던 것은 아닌지, 자책이 아닌 성찰이 필요합니다. 특별한 관계는 시간 속에서 형성됩니다. 지금처럼 책을 읽고 필사를 하며 내면에 집중하고 마음의 여유를 갖는다면 당신 곁에 가까워지기 바라는 사람들이 다가올 거예요.

0**37**   (의존하는 마음)

나만 봐주고 나만 생각해 주기를 바라며 의존하는 마음.
그건 분명 연인보다는 보호자에게 느낄 마음입니다.
어린아이가 부모에게 바라는 마음이죠. 아무리 가까운
친구나 연인이라고 해도 적당한 거리는 필요한
법이에요. 자신만 바라보며 보살펴주기를 바라는 마음이
상대방에게는 버거울 수밖에 없습니다.

<채널예스>, [김지용의 아직도 고민] 자꾸만 상대에게 의존하게 되는 저, 문제인가요?

- **마음 처방전**
  무조건적이고 온전한 사랑. 참 듣기 좋은 말이고, 받고 싶은 사랑입니다. 우리 모두에겐 그런 소망이 있어요. 기억도 못하는 어린 시절 받아본 생애 가장 달콤한 기억이고, 이젠 더 이상 가질 수 없는 아련한 감정이기 때문이죠. 이제는 어른입니다. 아쉬운 마음을 달래면서 눈앞의 사람을 있는 그대로 바라보는 것, 그렇게 천천히 서로에게 조금씩 더 특별한 관계가 되어 가길 바랍니다.

Date . .

038

(롤플레잉)

어찌 보면 인생은 롤플레잉 게임 같은 것일지 모른다.
물론 개개인의 난이도가 다르지만, 보통 마지막 장면을
보기까지 한 번의 좌절도 없을 수는 없다. 포기하고 싶게
만드는, 유독 어려운 스테이지가 꼭 있는 법이다. 그래서
더 이상 희망이 없다고 판단한 뒤 포기해 버리는 사람도
등장한다. 이미 거쳐간 사람들의 해설집을 참고하며
재도전해도 또 실패한다. 하지만 포기하지 않으면 분명히
이전보다 더 잘하게 되고 언젠가 뛰어넘는다. 예상치
못했던 방식의 길이 열리곤 한다. 그리고 함께하는 동료가
있다면 더 수월하게 극복한다.

<한겨레>, [뇌부자들 상담소] 더 이상 사람을 만나고 싶지 않을 땐

마음 처방전
인생은 가차 없다는 걸 진료실에서 자주 느낍니다. 정말 다양한 방식으로 예상치 못하게
무너지는 순간이 오죠. 출구가 없어 보이지만 어쩌다 무너졌듯, 또 어쩌다 풀려나가는 것
이 우리 삶인 것 같습니다. 제가 봐 온 모든 삶이 그랬습니다.

Segment 3

사회생활

039

(페르소나)

페르소나는 마음 구조의 가장 겉껍질이에요. 남에게 보이고 사는 모습을 말하죠. 우리는 어릴 때부터 페르소나에 충실하기를 요구받으며 자라왔을 거예요. 학교부터 직장까지, 모나지 않고 남들 하는 대로 하기를 바라죠. 학교생활이나 사회생활을 위해서 페르소나가 필요한 건 맞지만, 페르소나와 진짜 나의 괴리가 크면 클수록 우울증에 빠지기 쉬워집니다. 그러니 때때로 '진짜 나'의 목소리, 내면의 소리에 귀 기울여 보세요. 진정 내가 하고 싶은 것이 무엇인지 수시로 떠올려 보아야 해요.

<스터디언>, 인생을 이기적으로 살아야 되는 진짜 이유

마음 처방전
페르소나는 모두에게 있으며 매우 중요한 장치입니다. 좋은 성적을 받고, 안정된 직장을 갖는 것 모두 다 중요하죠. 하지만 페르소나에 충실하게 열심히만 살아온 사람이 진료실에 찾아오는 경우가 많습니다. 그럼 그분들께 말씀드려요. 우리가 공부만 하려고, 일만 하려고 태어나진 않았을 거라고, 해야 되는 일 말고 '하고 싶은 일'도 삶에 넣어 보자고 말입니다.

Date

040

(가면증후군)

'가면 쓰고 사는 것 같은 제가 싫어요'라고 말하는 분이 많아요. 어떤 집단에서의 내 모습과 실제 내가 다르다는 느낌. 진짜 내가 누구인지 알 수 없는 느낌. 그런데 누구나 여러 가면을 쓰고 살아가요. 가면을 쓰지 않고 모든 곳에서 한 가지 모습만 보이는 것도 이상하지 않나요? 가면은 상황에 맞춰 적응하는 능력이 있는 사람이란 뜻이에요. 그런 자신을 부족하거나 주관이 약하다고 여기지 마세요.

<뇌부자들>, 유튜버들의 심리를 분석해 보자!

마음 처방전
저 역시 진료실에서, 고등학교 친구들을 만날 때, 대학교 친구들을 만날 때, 사회에서 만난 사람들과 어울릴 때, 내 아이들과 있을 때……. 목소리와 말투, 태도 전부 다릅니다. 그저 당연하고 자연스러운 겁니다. 그런데 새로운 집단에 들어가거나 대인관계에서 스트레스받을 때는 이런 자신의 모습이 어색하고 마음에 들지 않을 수 있어요. 그럴 땐 이렇게 생각해 보세요. 사회생활을 더 잘하기 위해 내 무의식이 나도 모르는 사이 노력하고 있다고. 그런 자신을 비난하지 말고 기특하게 바라봐 주세요.

041

(부적절감)

부적절감은 누구나 다 느끼는 감정이에요.
'나는 부족해…….', '나는 이곳과 어울리지 않아…….' 같은
가면증후군 심리는 누구나 어느 정도 가지고 있어요.
처음부터 잘하는 사람은 없답니다. 혼날 때도 있고, 간간이
칭찬받을 때도 있죠. 그러니 내가 못한 증거를 찾는 데만
몰두하지 마세요. 대신 '힘들었지만 결국 나는 망하지
않았다.'고 생각해보세요. 이전의 나에 비해 조금 더
적응해낸 내 모습을 바라봐 주세요.

<뇌부자들>, 정신과 의사가 말하는 사회생활, 대인관계가 어려운 사람의 특징

마음 처방전
구글에 강연을 갔다가 놀라운 이야기를 들었습니다. 신규 직원들을 대상으로 진행되는 첫 강의 주제가 다름 아닌 '가면증후군'이라고요. '나만 부족해 보이는데, 대체 내가 왜 뽑힌 거지?', '내 부족함이 들통나면 어떡하지?'라는 생각에 자신을 지나치게 몰아붙이다 번아웃에 빠지는 경우가 잦기에 예방 차원의 교육이 이뤄진다고 하더라고요. 세계 최고의 회사에 들어간 인재에게도 여지없이 이런 마음이 찾아옵니다. 그저 당연하게 받아들이고 휩쓸려가지 않으려 노력하다 보면, 자연스레 편해지는 순간이 분명 찾아옵니다.

Date . .

042

(신경다양성)

요즘 현대사회는 초연결되어 있어요. 사람들끼리 계속 어울리게 되어 있죠. 그러다 보니 너무 같은 모습을 원하는 것 같아요. 공장에서 찍어 낸 물건처럼 똑같은 걸 요구하다 보니 ADHD나 아스퍼거증후군처럼 독특한 모습을 지닌 사람이 더 공격받고 위축되고 있습니다. 하지만 사람은 누구나 약점도, 강점도 지닌 존재라는 걸 잊지 말아야 해요.

마음 처방전
정상과 다른, 질병이나 장애를 정하는 경계는 과연 어디쯤일까요? 정신과 의사 15년 차인 제게도 여전히 어려운 질문입니다. 명확하지 않을수록 진단명에 매달리는 분들도 많습니다. 최선의 진료를 위해 정확한 진단도 중요하지만, 더 중요한 걸 잊지 않으셨으면 해요. 진단을 넘어 그 사람을 보는 것, 약점이 아닌 강점도 바라보고 키워주는 것, 그것이 우리 모두에게 필요한 시각입니다.

043

(사회적 동물)

사람은 사회적인 동물이기 때문에 관계의 고립에서 오는 우울과 불안을 피할 수 없어요. 자발적인 고독이 필요할 때도 있고, 때로는 피할 수 없는 고립이 찾아올 때도 있지만 그래도 장기화되면 위험합니다. 사람에게 상처받았을 때 필요한 것은 사람이지만, 그렇다고 해서 가까운 관계여야만 한다는 뜻은 아니에요. 데면데면하더라도 정기적으로 만나는 사람과의 관계가 의외로 내 마음의 안전망이 될 수 있습니다.

<뇌부자들>, 연락하는 친구가 없는 사람

마음 처방전
대인관계에는 다양한 거리가 존재합니다. 우리는 가까운 관계로 가득 차 있는 사람을 대인관계 잘하는 사람으로 떠올리기 쉽지만, 꼭 그렇지만은 않습니다. 가까운 만큼 에너지가 더 들기도, 더 큰 상처를 받기도 하지요. 다소 거리 있는 관계들도 우리에게 소속감과 안정감을 안겨 줄 수 있어요. 관계를 유지하는 데 있어 많은 에너지가 필요하지도 않습니다.

Segment 4
일상생활

044

(가족의 시간)

가족 모두가 늘 같이 시간을 보내야 한다는 압박감을 놓아 보세요. 엄마와 아이가 놀 때 아빠 혼자 시간을 보낼 수도 있고, 아빠가 혼자만의 시간을 보냈다면, 엄마도 혼자만의 시간을 보낼 수 있게 해주어야 해요. 아이에게도 엄마, 아빠의 시간이 존재한다는 것을 보여 주어야 합니다. 또한 아이한테만 지나치게 집중하며 희생하는 것은 자칫 마음의 빚을 심어줄 수 있어요.

<닥터 프렌즈>, 요즘 한국에서 버티기 힘든 진짜 이유

마음 처방전

자녀가 생긴 이후로 삶이 더 힘들고 우울해졌다는 분을 자주 만납니다. 모성애나 부성애가 부족한 것일까 자책하기도 하고요. 그분들에게서 공통적으로 보이는 모습은 '자신의 삶'이 사라졌다는 겁니다. 새롭게 등장한 '부모'라는 강력한 페르소나에 부담을 느끼는 거죠. 이제 갓 부모가 된 사람에게 '부모는 희생해야 해. 이제 네 삶은 없어.'라는 말을 주변에서 많이 합니다. 그런데 그렇지 않아요. 그래서도 안 되고요. 부모라는 페르소나를 잠시 내려 두는 시간이 필요해요. 그래야 아이도 행복합니다.

Date . .

045 (쉼)

남들 달릴 때 나만 쉬고 있으면 안 된다는 압박감에 눌린 사람이 많습니다. 분명 단기적으로는 폭발적 성장을 얻을 수 있을지 몰라도, 쭉 그런 마음으로 달리면 언젠가 쓰러지게 돼요. 필연적으로 번아웃이 찾아오죠. 그러니 정해진 시간만큼 일하거나 공부하고 나머지는 자신을 위해 쉬세요. 쉬어 가도 괜찮아요. 그래도 괜찮아요.

<뇌부자들>, 정신과 의사가 알려 주는 공부 비법

- **마음 처방전**
  건강한 성인의 평균 주의력 유지 시간은 어느 정도일까요? 대다수의 연구에서 10~20분 정도로 측정되었습니다. 생각하던 것보다 훨씬 짧지 않나요? 원래 사람의 집중력은 길게 유지되지 못해요. 그런데 불안에 쫓겨 쉬지 못하고 그냥 앉아 비효율적인 시간을 보내는 거죠. 25분 집중 + 5분 휴식 사이클을 3~4회 가진 이후 30분가량 길게 쉬어 주는 것이 좋아요. 잘 쉬는 사람이 일도 공부도 잘합니다.

Date . .

046

아이가 건강한 심리를 지니려면 '온전히 사랑받은 경험'과 더불어 그 사랑이 계속해서 완전할 수 없다는 '건강한 좌절의 경험'이 필요하다. 사람들은 '온전히 사랑받은 경험'이 결핍된 경우만 문제 삼곤 하지만, '건강한 좌절의 경험'도 만만치 않게 중요하다.

《어쩌다 정신과 의사》, 김지용 저, 심심, 226쪽

마음 처방전

'나를 죽이지 못하는 고통은 나를 더 강하게 만든다.' 철학자 니체가 남긴 명언입니다. 끝없이 좌절과 상처를 겪으며 성장해 나가는 것이 우리의 삶입니다. 요즘은 지나치게 아이를 위하는 마음에 오히려 성장의 기회 자체가 차단되는 결과로 이어지는 경우가 많아요. 저는 일부러 아이들에게 운동을 많이 시킵니다. 패배와 좌절이 성장할 기회를 주기 때문입니다.

Date . .

047

(목소리 내기)

상대방에게 내 의견을 내는 것이 어렵나요? 그럴 땐 작은 목표부터 달성해보세요. 학교나 회사에서 여럿이 밥 먹을 때 먹고 싶은 메뉴를 말하는 거예요. 별거 아닌 것 같죠? 하지만 작은 일부터 목소리를 내보세요. 자기 조절감을 키워 나가는 데 좋은 첫 훈련이 될 거예요.

<스터디언>, 인생을 이기적으로 살아야 되는 진짜 이유

마음 처방전
여러 사람이 있을 때 내가 먹고 싶은 메뉴를 먼저 말한다는 생각만으로 속이 불편해지고 긴장이 올라오는 사람이 있습니다. 거절당할 생각에 두려움이 앞서기도 하고요. 하지만 이 연습을 시작했던 많은 분이 결국은 더 편해지는 경험을 했습니다. 자신의 걱정과 실제는 다르다는 것을 확인하게 되며 자신감이 늘어나거든요.

Date

048

(인지왜곡)

SNS를 보면 다른 사람들은 다 잘살고 있어요. 하지만 SNS에 올라오는 사진은 일상 중 아주 특별한 순간일 뿐, 삶 전체가 아니에요. 내 일상과 그들의 하이라이트를 비교하면 내 삶의 부족함이 두드러져 보일 수밖에 없어요. 그게 바로 인지왜곡입니다. 잘 생각해보면 내게도 특별한 순간은 늘 있어요. 그럼에도 불구하고 이런 생각들이 나를 우울하고 불안하게 만든다면 가까운 이와 대화를 해보세요. 이런 속마음까지도 가감 없이 말할 수 있는 대상이 있다면, '아 나만 그런 게 아니었구나' 느끼며 편해질 수 있어요.

<뇌부자들>, 하다하다 XX 크기까지 비교하는 SNS!

- **마음 처방전**
  인간은 언제나 인지왜곡에 빠질 수 있어요. 그런데 요즘 사회는 특히 더 인지왜곡을 더 많이 만들어 냅니다. 예전에는 몰랐을, 타인의 삶에 대한 너무 많은 정보들이 주어집니다. 다들 나보다 더 행복해 보이고, 나만 불행한 것 같다는 생각에 빠지기 쉬워요. 하지만 SNS는 말 그대로 포장일 뿐, 그 뒤에서는 모두가 각자만의 보이지 않는 전쟁을 치르며 살고 있다는 사실을 잊지 않으셨으면 합니다.

Date . .

049

(불안)

우리나라만큼 살기 좋은 나라도 없어요. 하지만 사회에서 불안을 조장하는 우리만의 분위기가 있는 것도 사실이에요. 어릴 때부터 시작되어 평생에 걸쳐 지속되는 타인과의 비교가 대표적인 문제예요. '우리나라가 아니었으면 과연 이 사람에게 약물 치료가 필요할까?' 싶은 경우도 종종 있어요. 안타깝지만 사회는 잘 변하지 않아요. 변수는 내가 되어야 합니다. 아무리 사회가, 사람이 날 불안하게 만들어도, 내 삶에 숨 쉴 틈을 주며 불안을 이겨낼 수 있는 건 나뿐입니다. 일과 삶의 균형을 찾은 사람이 결국 잘 살아요.

<topclass>, 2024년 5월 호, 불안을 잠재워야 집중력이 깨어납니다

마음 처방전
이런 말을 하면 '사회의 문제를 또 개인 탓으로 돌리느냐!'라는 날 선 비난이 돌아오기도 합니다. 개인의 탓으로 돌리는 것이 아닙니다. 단지 바뀌지 않는 상황 속에서 조금 더 현명하게 살 수 있는 방법이 있다는 걸 말씀드리고 싶어요. 언젠가 사회도 더 성숙해지는 날이 오겠지만, 그날이 오기 전까지는 지금 내 삶이 소중한 만큼 현명하게 아껴 주어야 합니다.

050

(발견)

대중 앞에서 정신건강에 대해 가장 많이 얘기하는 정신과 의사인 저조차 삶이 마냥 이상적으로 흘러가진 않아요. 겉으로 드러내기 힘들고 부끄러운 부분도 많이 존재합니다. 자신의 문제를 계속 발견하고 끊임없이 수정하며 보완해 나가는 것이 마음의 성장이죠. 평생에 걸쳐 이루어지는 과정이에요.

<닥터프렌즈>, 요즘 한국에서 버티기 힘든 진짜 이유

마음 처방전
저는 이전 책에서도, 뇌부자들 채널에서도 제 부족함에 대해 솔직히 말하려는 편입니다. 좋은 정신과 의사, 좋은 남편, 좋은 아빠, 좋은 친구가 되려고 노력하지만 부족한 점이 너무 많아요. 하지만 동시에 자신 있게 단언할 수 있는 것은 10년 전, 5년 전에 비해 여러모로 조금 더 나은 사람이 되었다는 점입니다. 자신의 부족함에 대해 들여다보고 인정하는 것이 발전을 위한 첫걸음이니까요.

051

진료실에서 만나는 다른 모든 이의 인생과 마찬가지로
내 인생에도 계속해서 예측하지 못한 새로운 길이 나온다.
지난 몇 년간 비교적 순탄했던 이 길은 어떻게 이어져
있을까. 어떤 암초를 만날까. 언제 끝나고, 어떻게 새로운
길로 이어질까. 모른다. 아무도 내게 알려줄 수 없다.
나 역시 진료실에서 만나는 이들에게 미래를 알려주지
못한다. 그렇기에 현재에, 그저 내가 할 수 있는 것들에
집중하자고 말한다. 이래도 후회, 저래도 후회할 일이라면
그저 눈앞의 길을 걸어가 보는 것이 적어도 '지금'을 건지는
방법이 아닐까.

《어쩌다 정신과 의사》, 김지용 저, 심심, 36쪽

마음 처방전
바꿀 수 없는 과거와 아직 오지 않은 미래에만 생각이 머무를 때 우리는 무기력해집니다. 길이 보이지 않는다고 느껴져요. 그렇게 움직이지 않은 채 아쉬운 시간을 흘려 보낸 분들을 많이 만났어요. 그럴 때 답은 '지금'에 있습니다. 오랜 시간 멈춰 있었다면, 지금 할 수 있는 일에 발걸음을 떼 보세요.

Date . .

052

(일상의 붕괴)

내가 잘못하지 않아도 삶이 깨질 때가 있어요. 갑자기
회사가 망할 수도 있고, 사고나 재난을 만날 수도 있죠.
흠집 없이 만들고 싶었던 내 삶이 무너졌을 때, 이런
상황이라면 누구나 똑바로 정신을 차리기 힘들 겁니다.
하지만 동시에 누구에게나 일어날 수 있는 일이라고 생각하고
받아들여야만 해요. 그리고 앞으로 나아가야 합니다.

<뇌부자들>, 지금 삶이 무너졌다 느낀다면

마음 처방전
어느 누구에게나 삶의 위태로운 순간이 찾아옵니다. 그럴 때 드는 상실감, 공허함, 우울감은 너무나 당연하기에 공감받고 지지받아야 합니다. 하지만 그걸로 끝이 아니에요. 그 다음에는 결국 일어서서 다시 내 삶을 만들어 나가야 합니다. 좌절은 종말이 아닌 일상이니까요.

Date . .

053

자존감은 세 발 탁자로 구성되어 있다. 자기 효능감, 자기 안전감, 자기 조절감이라는 세 축 중 하나만 무너져도 온전히 유지되기 힘들다. 그런데 사람들이 가장 많이 하는 실수는 무너진 축을 수리할 생각은 하지 않고 이미 튼튼한 축을 더 두껍게만 하는 것이다. 백이면 백, 모두 '자기 효능감'을 자존감의 전부라 믿고 노력해 고치려 한다. '무언가를 성공적으로 수행할 수 있는 사람이라는 믿음'을 뜻하는 자기 효능감과 자존감 전체를 동일시하는 흔한 착각이 이런 잘못된 노력을 만들어낸다.
(중략) 하지만 거듭 말하듯, 자존감은 세 발 탁자로 이루어져있다. 다른 두 축과의 균형이 필요하다.

《빈틈의 위로》, 김지용 외 저, 아몬드, 54쪽

- **마음 처방전**
'네가 자존감이 낮은 이유는 노력이 부족했기 때문이야!' 이 말이 들어맞는 경우도 있겠지만, 모두의 마음을 설명할 수는 없습니다. 오히려 독이 되는 경우들도 많이 있지요. 그럴 땐 내가 무너진 균형을 무시한 채 잘못된 방향의 노력을 하고 있었던 것은 아닌지 되돌아볼 필요가 있습니다.

Date

054

(숙제)

어떤 일도 숙제처럼 하면 불편한 지점이 있어요.
똑같이 열심히 살더라도 누구는 번아웃이 오고, 누구는
앞으로 나아가죠. 차이는 거기서 와요. 내가 하고 싶어서
하는 일인가, 그렇지 않은가.

<닥터프렌즈>, 요즘 한국에서 버티기 힘든 진짜 이유

• **마음 처방전**
흔히들 말하죠. 하고 싶은 것만 하고 살 수 없다고요. '덕업일치'의 삶을 사는 사람이 세상에 얼마나 있을까요. 하기 싫어도 어쩔 수 없이 숙제처럼 해야만 하는 일이 대부분이죠. 저는 제 일을 꽤나 좋아하지만, 아침이면 출근하기 싫다는 말이 자연스레 나올 때가 있습니다. 그렇다면 이렇게 수고하면서 사는 자신에게 선물을 줘야 하지 않을까요? 하고 싶은 것에 빠지는, 그래서 살아 있다는 느낌을 받는 그 시간을요.

Date

055

(빈틈의 시간)

아무것도 하기 싫을 때, 무기력할 때 꼼짝하고 싶지 않을 거예요. 그래도 웬만하면 낮에는 누워 있지 마세요. 머리를 대고 누우면 뇌는 잠을 잔다고 인식해요. 그러면 더 무기력해집니다. 그러니 무기력하다면 일단 밖으로 나가세요. 나가서 햇빛을 쬐고, 잠깐이라도 걷고, 잠은 해가 진 뒤 밤에 자야 합니다. 대신 낮에 아무것도 하지 않아도 괜찮아요. 카페에 앉아 멍 때려도 좋아요. 그런 빈틈의 시간도 우리에겐 필요해요.

<놀면서 배우는 심리학>, 아무것도 하기 싫고 우울할 때 해야 하는 행동

마음 처방전
무기력으로 고통받는 사람에게 주변에서 흔히 그런 말을 합니다. '네가 게을러서 그런 것이라고, 나가서 뛰라고, 핑계대지 말고 육체노동을 하라는 등'의 무례한 말들을요. 그런데 뼈와 인대가 손상된 환자에게도 그런 말을 할 수 있을까요? 그저 안 될 때가 있습니다. 그럴 때 필요한 것은 충분한 휴식과 체계적인 재활 운동이겠죠. 마음의 병도 마찬가지입니다.

056

(마음속 그림자)

오랜 간병에 너무 지친 나머지 아픈 가족이 이제 그만 떠났으면 좋겠단 생각을 했다며, 죄책감을 가지고 온 보호자를 만난 적이 있어요. 당연히 그럴 수 있습니다. 사람은 누구나 마음의 그림자라고 부르는, 남에게 선뜻 보여 줄 수 없는 부분이 존재해요. 이성적으로 그렇지는 않지만 스스로 어쩌지 못하는 마음이나 생각이 들 수 있는 것이 사람입니다.

<뇌부자들>, 지나친 활발함, 어린 시절의 '이것' 때문일 수 있습니다

마음 처방전
누구나 스스로 마음에 들지 않는 생각이나 감정이 떠오를 때가 있어요. 이상하거나 잘못된 것이 아니라, 그저 당연한 현상입니다. 우리 마음속엔 여러 목소리가 있거든요. 저 역시 지금 책을 쓰는 이 순간, 감사하기도 하고 기대되기도, 마냥 회피하고 싶기도 해요. 모든 감정은 그 자체로 옳습니다. 미숙한 감정들조차요. '어떻게 그럴 수 있어!'라고 비난하는 것보다 '그럴 수 있지'라고 받아들이는 자세가 필요합니다. 그래야 미성숙한 감정이 미성숙한 행동으로 이어지지 않게 됩니다.

Date . .

057

코로나 감염은 반복되어 오던 삶의 굴레를 멈추게 한 강력한 브레이크였다. 동시에 면죄부이기도 했다. 해야만 하는 것들로 가득 찬 삶을 강제로 멈추게 만들었고, 그렇게 어쩔 수 없이 쉬어야 하는 상황에 놓인 자신을 자책하는 마음에서 잠시라도 벗어나게 해주었다.

《빈틈의 위로》, 김지용 외 저, 아몬드, 29쪽

마음 처방전

코로나-19에 걸리고 난 뒤에야 비로소 마음 편히 쉬었다는 이야기를 당시에 참 많이 들었어요. 코로나-19로 고생했던 많은 이들에겐 대체 무슨 소리인가 싶을 수 있겠지만, 비슷한 이야기들을 요즘도 많이 들어요. '차라리 교통 사고가 났으면 좋겠다', '아파서 입원했으면 좋겠다' 등의 말을요. 마음이 이렇게까지 가지 않도록 평소에 꼭 조금씩 쉬어야 합니다. 스스로에게 숨 쉴 틈을 주면 좋겠어요.

Date

058

모든 것을 다 가질 수는 없다. 가장 중요한 나 자신을
사랑하려면 무언가는 포기하고 내려놓을 줄도 알아야 한다.
이제는 내게 빈 시간을 선물해 주고 싶다. 뭘 꼭 하고
싶어서라기보다 그냥 그러고 싶다.

《빈틈의 위로》, 김지용 외 저, 아몬드, 310쪽

마음 처방전
우리는 세상에서 가장 바쁜 나라에 살고 있어요. 학업 시간은 가장 길고 수면 시간은 가장 짧죠. 남들 다 바쁘게 살아가는 가운데 나 홀로 아무것도 안 할 수는 없겠지만, 그래도 균형을 잃지는 않았으면 해요. 우리는 공부하려 태어난 것도, 일하려 태어난 것도 아니니까요.

Date

059

(지금 여기)

'지금 여기'에 닻을 내리는 가장 바람직한 행동은 운동과 명상입니다. 이 둘은 생각이 과거에 머무르며 우울해지는 것과 미래로 가서 불안해지는 것으로부터 벗어나도록 도와줍니다. 운동과 명상을 삶의 루틴으로 만든다면 어느 순간부터 마음의 풍랑이 잔잔해지는 것을 분명히 느끼게 됩니다.

<스튜디오 제주MBC>, [소통의 고수2], 불안한 현대를 사는 우리가 알아야 할 '행복'이란?

마음 처방전
우울과 불안으로부터 벗어나는 방법은 오로지 현재, '지금 여기'에 머무르는 것 뿐입니다. 동서고금을 막론하고 동일하게 제시되어 온 방법이죠. 그런데 이걸 알면서도 마음은 계속 흔들립니다. 사람의 마음은 마치 풍랑 속 작은 돛단배 같아서 현재에 머무르기 어렵거든요. 그 한계를 인정하고 현재에 닻을 내리는 도구를 활용하는 것, 그게 바로 마음이 단단해 보이는 사람의 비결입니다.

060

(방파제)

운동과 명상을 꾸준히 하다 보면 마치 내 마음속에 방파제가 세워진 것 같은 변화를 느끼게 될 거예요. 방파제를 세운다고 해도 파도가 넘어오겠지만, 약해진 파도가 내 삶을 뒤흔들지는 못하죠. 꼭 운동과 명상이 아니더라도 내 삶을 '지금 여기'에 머무르게 하는 건강한 도구를 찾아보세요.

<스튜디오 제주MBC>, [소통의 고수2], 불안한 현대를 사는 우리가 알아야 할 '행복'이란?

마음 처방전
삶의 루틴으로 생각을 끊어 주는 도구가 있는 사람의 마음은 점점 더 잔잔해집니다. 어떤 스트레스에도 쉽게 흔들리지 않는, 흔히 말하는 멘털 강한 사람이 되는 거죠. 그 어떤 노력도 우리가 세상에서 만나게 될 파도 자체를 없앨 순 없지만, 닻을 내리고 방파제를 쌓는 것은 누구나 할 수 있습니다. 그게 바로 우리가 해야 할 일입니다.

Segment 5

뇌

061

뇌에 폭격처럼 쏟아지는 과잉 정보 속에서 안전감을
느끼기란 요원한 일이고, 타개책으로 떠오르는 것은
또 노력밖에 없다. 노력이란 단어에 질린 마음이 즉각
도피하기에는 핸드폰 속 온라인 세상만 한 곳이 없다. (중략)
좀처럼 바뀌지 않는 현실에 지친 사람들에게 이 시간은
지나치게 달콤하고 중독적이다. 그렇게 통제력을 잃은 내
마음은 한 번 더 무너진다.

《빈틈의 위로》, 김지용 외 저, 아몬드, 56쪽

마음 처방전
스마트폰에 중독된 것 같다는 이야기를 끊임없이 듣게 되는 요즘입니다. 다들 뇌의 기능이 예전 같지 않을 거예요. 독서는 물론, 영화도 한 편 끝까지 쭉 보는 것이 어렵습니다. 그만큼 사람의 의지는 약해요. 이럴 땐 나의 나약함을 인정하고 환경을 잘 갖추는 사람이 되어야 합니다. 지금 이 책을 읽고 필사를 할 때에도 스마트폰을 곁에 두지 마세요. 저 멀리 충전기에 꽂아 놓거나, 전원을 잠시 꺼 두면 더 좋습니다.

Date . .

062

있는 그대로 끌어안고 살기엔 너무도 힘든 기억을 무의식 속 공간으로 다 밀어 넣은 것이다. 아예 의식하지 못하도록, '억압'의 방어기제다. 이유는 모르지만 깊숙이 숨겨놓았던 그 기억이 다시 의식의 수면 위로 떠오르는 이 과정에서, 그의 마음은 평안을 유지하기 위해 한 가지 기술을 추가로 사용했다. 바로 '격리'다. 과거에 있었던 사건은 기억하지만, 그 기억에 수반된 감정은 따로 분리시켜 무의식 속으로 다시 밀어넣은 것이다.

《어쩌다 정신과 의사》, 김지용 저, 심심, 86쪽

마음 처방전

진료하다 보면 상식으로는 이해하기 어려운 모습들을 자주 만나게 됩니다. 정말 끔찍했던 사건을 마치 남의 일이라는 듯 무표정하게 덤덤히 말하는 경우가 매우 흔해요. 이럴 때 '저 사람이 다 극복했구나', 혹은 '그렇게 큰 상처는 아니었나 보네'라고 어림짐작하면 안 됩니다. 반대로 아직도 감당하기 힘든 상처이기에 그런 반응이 나왔을 가능성이 높습니다. 무의식이 마음속 평안을 지키기 위해 '방어기제'라 불리는 온갖 기술들을 사용하거든요. 겉으로 보이는 것이 전부가 아닙니다.

Date

063

(집중력)

현대인이 집중하지 못하는 이유는 크게 두 가지예요.
첫째, 뇌를 너무 많이 쓴 탓입니다. 예전에는 쉴 때 아무것도
하지 않으면서 뇌의 전원을 절전모드로 두었어요. 그런데
요즘은 늘 스마트폰을 보니 뇌가 제대로 쉬지 못해요.
둘째, 불안함 때문이에요. 불안감을 느낄 때는 집중이 잘
되지 않습니다. 요즘 많은 사람이 삶을 비관하는 것도, 매운
음식을 자주 찾는 것도 불안에서 기인하는 면이 커요.

<topclass>, 2024년 5월 호, 불안을 잠재워야 집중력이 깨어납니다.

마음 처방전

'집중이 너무 안 된다', 'ADHD인 것 같다'는 분들 가운데 상당수는 문제 원인이 불안으로
드러납니다. 현대인은 과거에 비해 더 안전한 삶을 살고 있지만 뇌의 불안 신호가 커질 일
은 더 잦습니다. 과도하게 많은 정보에 노출되고, 타인과 끝없이 비교되며 불안을 느끼는
거죠. 집중이 잘 되지 않을 때에는 의도적으로 뇌에게 쉬는 시간을 주세요. 더 몰아붙이지
말고요.

Date

064

(뇌 기능 높이는 법)

뇌의 기능을 높이고 불안을 낮추려면 잠을 잘 자야 해요. 컴퓨터 전원을 꺼 두어야 다음 날 잘 작동하는 것처럼. 잠들기 전 스마트폰은 멀리 두고 하루 일곱 시간에서 아홉 시간은 자야 합니다.

<topclass>, 2024년 5월 호, 불안을 잠재워야 집중력이 깨어납니다.

마음 처방전
하루 7시간 미만을 자는 사람과 그 이상 자는 사람들의 정신질환 발병률은 크게 차이가 납니다. 정신건강과 뇌건강에 있어 '충분한 수면 시간 확보' 이상으로 중요한 것은 없습니다. 남에게 뒤처질 것 같은 불안감에 잠을 줄이려고 하는데, 그러면 결국 더 불안을 통제하지 못하는 뇌가 되어 악순환에 빠질 수 있습니다.

Date . .

065

(과사고자)

생각이 너무 많은 사람은 쉽게 번아웃이 올 수 있어요.
'멍 때리기'나 명상이 마음을 차분하게 하는 데 도움되지만
과사고자에게는 그마저도 쉽지 않아요. 그럴 때는 일곱
시간 이상 충분한 숙면을 취해야 합니다. 불면이 있다면
약물의 도움을 받아서라도 일단 충분히 자야 해요. 또한
사람들과 교류하는 것도 생각을 줄이는 데 있어 꼭
필요해요. 혼자 있으면 부정적 사고에 침잠되기 쉬워요.
운동 역시 생각을 줄이는 데 좋습니다. 운동할 때 분비되는
뇌유래신경영양인자(BDNF)가 스트레스로 손상된 뇌
조직을 회복시키거든요.

〈뇌부자들〉, 번아웃과 정신질환에 쉽게 빠지기 쉬운 유형[뇌과학으로 설명하는 차이점]

마음 처방전
생각이 너무 많은 사람은 번아웃과 정신질환에 취약합니다. 아무 생각 없이 살 수는 없지만, 지나치게 많은 생각은 독이 되지요. 뜻대로 생각의 양을 조절할 수 없다면, 생각을 줄이기 위한 도구가 필요합니다. 숙면, 교류, 운동. 꼭 기억해 두세요.

066

(뇌기능저하증)

우울증이라고 하면 하루 종일 슬프게 우는 모습만 생각하기 쉬워요. 하지만 감정은 우울증의 여러 증상 중 하나입니다. 우울증을 조금 더 잘 표현하는 말은 '뇌기능저하증'일 거예요. 뇌 기능이 저하되며 감정 조절의 어려움, 수면의 변화, 식욕의 변화, 흥미와 집중력의 저하 등이 나타나게 되죠.

<스터디언>, 대부분 간과하고 있는 우울증의 실제 모습

마음 처방전
우울증은 다양한 모습으로 찾아옵니다. 그리고 늦게 알아챘을 땐 이미 삶을 무너뜨린 경우도 많죠. 살면서 열 명 중 한 명은 겪는 이 무서운 질환을 우리 사회는 너무 금기시하며 숨겨왔습니다. 개인의 의지나 노력 부족 탓으로 몰아가기도 했죠. 이제 더 이상 그래서는 안 됩니다. 빠르게 치료받고 회복될 수 있도록 더 적극적인 목소리를 내야만 해요.

Date . .

067

(사인)

우울증이나 공황장애는 너무 열심히 살아서, 너무 본인을 챙기지 않고 몰아붙였기 때문에 왔을 가능성이 높습니다. 이제 삶의 방식, 삶의 모드를 바꾸고 잠시 쉬어 가라는 사인이 아닌지 돌이켜보세요. 되레 내 삶을 바꿀 수 있는 계기가 될 수 있어요.

<스터디언>, 대부분 간과하고 있는 우울증의 실제 모습

마음 처방전
저명한 정신과 의사인 칼 융은 우울증이 그 사람의 삶에 필요하기에 생긴 것이란 말을 한 적이 있습니다. 저도 처음 이런 문구를 접했을 땐 이해가 가지 않았지만, 진료실에서 많은 사람을 만나면서 이 말의 진리를 깨닫게 되었습니다. 우울증이나 공황장애를 앓은 이후 '더 잘 살게 되었다', '이 병이 아니었다면 이런 변화는 불가능했을 것이다'라는 말씀을 많이 하세요.

(도파민)

도파민 중독에 관한 이야기가 많아지면서 도파민을 위험하게 보는 시각이 생겼어요. 하지만 도파민은 건강한 삶을 위해 필수적인 물질로 어떤 일을 하기 위한 원동력이 되고, 부족하면 우울증에 걸릴 수 있어요. 그래서 착한 도파민을 생성하는 것이 좋습니다. 도파민이 분비되는 방식은 두 가지예요. 도박이나 배달 음식처럼 당장 나를 즐겁게 만드는 즉각 만족으로 분비될 땐 중독에 빠지기 쉬워요. 그보다는 장기적 계획을 세우고 꾸준히 실행하여 결과물을 얻는 지연 만족을 통해 분비되는 도파민을 쌓아야 합니다.

<도박엔딩>, 도박 끊는 건 재미있어야 합니다!

- **마음 처방전**
  인간이 쾌감을 느낄 때 뇌에서 도파민이 분비되어 다음에 그 행동을 또 하도록 유도합니다. 꾸준히 발전하는 사람이 되고 싶다면 일상에서 즉각 만족이 아닌 지연 만족을 통해 도파민을 얻는 습관을 들여보세요. 스마트폰보다는 운동, 배달 음식보다는 요리를 선택하는 방식으로요.

Date

069

(무기력)

무기력은 분명 뇌의 문제입니다. 그런데 결국
그 시작점은 자신을 진정으로 사랑하는 방법을
몰라서라는 걸 깨달았습니다.

〈세바시 강연〉, 무기력한 자신에게 빈틈을 선물하세요

마음 처방전
많은 분이 치료의 목표를 질병 이전의 모습으로 돌아가는 것이라고 생각합니다. 저 역시 예전에는 그렇게 생각했었죠. 그런데 이제는 치료의 목표를 다르게 잡습니다. 질병 이전의 삶은 괜찮아 보였을지 몰라도 결국 무기력, 우울, 불안을 불러왔습니다. 자신을 아껴주지 못했던 거죠. 진정한 회복은 삶의 형태를 이전과 다르게 바꾸는 것입니다. 다시 무기력감이나 우울에 잠식되지 않는 방향으로요.

Date

070

현재 내가 느끼고 생각하는 것들에 숨어 있는 의미.
그것들을 더 잘 알아챌 수 있도록 내 마음속을 들여다보고
정리해보려 애쓴다. 이 책을 쓰는 것 역시 그 애씀의
흔적이다.

《어쩌다 정신과 의사》, 김지용 저, 심심, 37쪽

마음 처방전
이 책의 문장들이 당신에게 어떤 의미였나요? 바쁘게 살아오느라 여력이 없어서, 혹은 버거운 마음에 피하고만 싶어 들여다보지 못했던 자신의 속마음을 알아챈 시간이었다면 좋겠어요. 꼭 기분 좋은 것들만 들어있진 않았을 거예요. 후회도, 자책도, 걱정도 있었을 겁니다. 하지만 사람은 누구나 변합니다. 타인이 아닌, 과거의 내 자신과 견주며 계속해서 더 좋은 사람이 될 수 있어요. 이 책을 끝까지 함께 한 당신에게도 그러한 변화가 올 것이라 확신합니다.

Date

정신과 의사
김지용의

마음 처방전

우울증 테스트

지난 2주일 동안 당신은 다음의 문제들로 인해서 얼마나 자주 방해를 받았습니까?	전혀 방해받지 않았다	며칠 동안 방해 받았다	7일 이상 방해 받았다	거의 매일 방해 받았다
1	일 또는 여가 활동을 하는 데 흥미나 즐거움을 느끼지 못함	○ 0	○ 1	○ 2	○ 3
2	기분이 가라앉거나 우울하거나 희망이 없음	○ 0	○ 1	○ 2	○ 3
3	잠들거나 계속 잠을 자는 것이 어려움. 또는 잠을 너무 많이 잠	○ 0	○ 1	○ 2	○ 3
4	피곤하다고 느끼거나 기운이 거의 없음	○ 0	○ 1	○ 2	○ 3
5	입맛이 없거나 과식을 함	○ 0	○ 1	○ 2	○ 3
6	자신을 부정적으로 봄 – 혹은 자신이 실패자라고 느끼거나 자신 또는 가족을 실망시킴	○ 0	○ 1	○ 2	○ 3
7	신문을 읽거나 텔레비전 보는 것과 같은 일에 집중하는 것이 어려움	○ 0	○ 1	○ 2	○ 3
8	다른 사람들이 주목할 정도로 너무 느리게 움직이거나 말을 함. 또는 반대로 평상시보다 많이 움직여서, 너무 안절부절못하거나 들떠 있음	○ 0	○ 1	○ 2	○ 3
9	자신이 죽는 것이 더 낫다고 생각하거나 어떤 식으로든 자신을 해칠 것이라고 생각함	○ 0	○ 1	○ 2	○ 3
합계				점

만일 당신이 위의 문제 중 하나 이상 "예"라고 응답했다면, 이러한 문제들로 인해서 당신은 일을 하거나 가정일을 돌보거나 다른 사람과 어울리는 것이 얼마나 어려웠습니까?

○ 전혀 어렵지 않았다   ○ 약간 어려웠다   ○ 많이 어려웠다   ○ 매우 많이 어려웠다

정상
(총점 0~4점)

적응상의 지장을 초래할 만한 우울 관련 증상을 거의 보이고 있지 않습니다.

경미한 수준
(총점 5~9점)

경미한 수준의 우울감이 있으나 일상생활에 지장을 줄 정도는 아니에요.

중간 수준
(총점 10~14점)

중간 수준의 우울감을 비교적 자주 경험하는 것으로 보여요. 직업적·사회적 적응에 일부 영향을 미칠 수 있어 주의 깊은 관찰과 관심이 필요합니다.

약간 심한 수준
(총점 15~19점)

약간 심한 수준의 우울감을 자주 경험하는 것으로 보여요. 직업적·사회적 적응에 일부 영향을 미칠 경우 정신 건강 전문가의 도움을 받아보시기를 권합니다.

심한 수준
(총점 20~27점)

광범위한 우울 증상을 매우 자주·심한 수준에서 경험하는 것으로 보여요. 일상생활의 다양한 영역에서 어려움이 초래될 경우 추가적인 평가나 정신건강 전문가의 도움을 받아보시기를 권해드립니다.

출처   Spitzer RL., Kroenke K., Williams JBW. Validation and utility of a self-report version of PRIME-MD: the PHQ primary care study. The Journal of the American Medical Association. 1999:282(18);1737-1744.

불안증상 테스트

지난 2주일 동안 당신은 다음의 문제들로 인해서 얼마나 자주 방해를 받았습니까?	전혀 방해받지 않았다	며칠 동안 방해 받았다	7일 이상 방해 받았다	거의 매일 방해 받았다
1 초조하거나 불안하거나 조마조마하게 느낀다.	○ 0	○ 1	○ 2	○ 3
2 걱정하는 것을 멈추거나 조절할 수 없다.	○ 0	○ 1	○ 2	○ 3
3 여러 가지 것들에 대해 걱정을 너무 많이 한다.	○ 0	○ 1	○ 2	○ 3
4 편하게 있기가 어렵다.	○ 0	○ 1	○ 2	○ 3
5 쉽게 짜증이 나거나 쉽게 성을 내게 된다.	○ 0	○ 1	○ 2	○ 3
6 너무 안절부절못해서 가만히 있기가 힘들다.	○ 0	○ 1	○ 2	○ 3
7 마치 끔찍한 일이 생길 것처럼 두렵게 느껴진다.	○ 0	○ 1	○ 2	○ 3
합계		점		

정상 (총점 0~4점)	주의가 필요할 정도의 과도한 걱정이나 불안을 갖고 있지 않은 상태예요.
경미한 수준 (총점 5~9점)	다소 경미한 수준의 걱정과 불안을 보이네요. 주의 깊은 관찰과 관심이 필요합니다.
중간 수준 (총점 10~14점)	주의가 필요한 수준의 과도한 걱정과 불안을 보이고 있어요. 추가적인 평가나 정신건강 전문가의 도움을 받아보시기를 권합니다.
심한 수준 (총점 15~21점)	일상생활에 지장을 초래할 정도의 과도하고 심한 걱정과 불안을 보여요. 추가적인 평가나 정신건강 전문가의 도움을 받아보시기를 권합니다.

출처   Spitzer RL., Kroenke K., Williams JB., Lowe B. A brief measure for assessing generalized anxiety disorder: the GAD-7. Archives of internal medicine. 2006;166(10):1092-1097.

SCT 문장 완성 검사

다음 문장 완성 검사는 결과를 도출하기보다 자신의 경험과 감정을 깊이 이해하는 데 도움이 되는 검사입니다. 최대한 솔직하게 작성하고, 막히는 부분이 있다면 쉬운 답변부터 작성한 뒤 다시 작성해도 됩니다.

1. 나에게 이상한 일이 생겼을 때

2. 내 생각에 가끔 아버지는

3. 우리 윗사람들은

4. 나의 장래는

5. 어리석게도 내가 두려워하는 것은

6. 내 생각에 참다운 친구는

7. 내가 어렸을 때는

8. 남자에 대해서 무엇보다 좋지 않게 생각하는 것은

9. 내가 바라는 여성상은

10. 남녀가 같이 있는 것을 볼 때

11. 내가 늘 원하기는

12. 다른 가정과 비교해서 우리 집안은

13. 나의 어머니는

14. 무슨 일을 해서라도 잊고 싶은 것은

15. 내가 믿고 있는 능력은

16. 내가 정말 행복할 수 있으려면

17. 어렸을 때 잘못했다고 느끼는 것은

18. 내가 보는 나의 앞날은

19. 대개 아버지들이란

20. 내 생각에 남자들이란

21. 다른 친구들이 모르는 나만의 두려움은

22. 내가 싫어하는 사람은

23. 결혼 생활에 대한 나의 생각은

24. 우리 가족이 나에 대해서

25. 내 생각에 여자들이란

26. 어머니와 나는

27. 내가 저지른 가장 큰 잘못은

28. 언젠가 나는

29. 내가 바라기에 아버지는

30. 나의 야망은

31. 윗사람이 오는 것을 보면 나는

32. 내가 제일 좋아하는 사람은

33. 내가 다시 젊어진다면

34. 나의 가장 큰 결점은

35. 내가 아는 대부분의 집안은

36. 완전한 남성상은

37. 내가 성교를 했다면

38. 행운이 나를 외면했을 때

39. 대개 어머니들이란

40. 내가 잊고 싶은 두려움은

41. 내가 평생 하고 싶은 일은

42. 내가 늙으면

43. 때때로 두려운 생각이 나를 휩싸일 때

44. 내가 없을 때 친구들은

45. 생생한 어린 시절의 기억은

46. 무엇보다도 좋지 않게 여기는 것은

47. 나의 성생활은

48. 내가 어렸을 때 우리 가족은

49. 나는 어머니를 좋아했지만

50. 아버지와 나는

Memo.

정신과 의사
김지용의
마음 처방전

초판 1쇄 발행 2025년 8월 14일

지은이 김지용
펴낸이 김영조
편집 김시연, 진나경, 최희윤 | **디자인** 정지연 | **마케팅** 김민수, 강지현 | **제작** 김경묵
경영지원 정은진 | **표지그림** 송아람 | **사진** Pixels
펴낸곳 싸이프레스 | **주소** 서울시 마포구 양화로7길 44, 3층
전화 (02)335-0385 | **팩스** (02)335-0397
이메일 cypressbook1@naver.com | **홈페이지** www.cypressbook.co.kr
블로그 blog.naver.com/cypressbook1 | **포스트** post.naver.com/cypressbook1
인스타그램 싸이프레스 @cypress_book1 | 싸이클 @cycle_book
출판등록 2009년 11월 3일 제2010-000105호

ISBN 979-11-6032-255-2   03110

- 이 책은 저작권법에 따라 보호를 받는 저작물이므로 무단 전재 및 복제를 금합니다.
- 책값은 뒤표지에 있습니다.
- 파본은 구입하신 곳에서 교환해 드립니다.
- 싸이프레스는 여러분의 소중한 원고를 기다립니다.